CHRISTIAN PEÑA

While every precaution has been taken in the preparation of this book, the publisher assumes no responsibility for errors or omissions, or for damages resulting from the use of the information contained herein.

CÓMO ROMPER LAS CADENAS DE LA MANIPULACIÓN

First edition. October 16, 2023.

ISBN: 979-8223707912

Written by Christian Peña.

COMO ROMPER LAS CADENAS DE LA MANIPULACIÓN

Cómo empoderarse y protegerse, el método para la liberación contra la manipulación

---

INTRODUCCIÓN

Actualmente vivimos en un mundo en el cual estamos sobreexpuestos al contenido digital durante todo el día, también a la televisión al cine a la publicidad en la calle, y hay un exceso de oferta, para que compremos productos, servicios o ideas, y esta última puede ser la mas peligrosa aunque no lo sepamos o no seamos consciente de ello, ¿Por qué? Pues porque hay un principio universal inquebrantable el cual afirma que, somos aquello que consumimos ya sea en términos alimenticios, porque cuando uno come comida chatarra o basura todo el día puede verse reflejado en la persona y en su salud en su salud en sus actitudes, entonces si comes basura, puede que de alguna manera en eso te convertirás, lo mismo con lo que vemos todo el día, entonces pregúntate ¿Qué veo todo el día? Y lo más normal es ver a los políticos pelearse entre ellos junto a sus organizaciones contra la otra causa. Queriendo venderte ideas de las cuales lo más probable es que sea con único propósito que los sigas y tengan tu voto.

Esto no suena tan malo si se lo ve de una manera superficial pero es más grave de lo que uno piensa, y más si lo ha estado viendo desde su niñez, porque son esta clase de cosas las que ya de adulto se le queda aprendido de forma inconsciente, ya ni te das cuenta de porque actúas de la forma en la que actúas o si quiera llegas a considerarlo realmente, porque ya es parte de ti porque has aprendido un pensamiento que no era tuyo y lo has adoptado a tus creencias, a tu forma peña ser, a tu día a día como si fuera algo normal, y de hecho de eso se trata todo esto, lo más probable es que de alguna manera te has vuelto en lo que hace años has consumido y has crecido con ello, pero eso que has consumido era realmente lo mejor para ti? Toda esa propaganda, todas esas noticias que uno mira todos los días para "Informarse" Están realmente hechas para manipularte, para manejar tus decisiones y formarte de la manera en la que ellos creen que es mejor, pero para ellos! No para ti. Y eso lo vamos a explicar a medida que vayas avanzado con la lectura. Este libro más allá de que sea de aprendizaje es más para desaprender. Entonces en ese sentido voy a explicar cómo realmente funciona todo ese proceso de manipulación que está fríamente planificado para que las masas entendiendo a las masas como a los grupos masivos de personas que están detrás de una causa por la cual incluso entregarían su vida, obedezcan sin siquiera razonar por su propia cuenta.

¿Cómo nos manipulan y por qué exactamente lo hacen?

Capitulo 1

Introducción a la manipulación y sus formas

Desde una perspectiva científica, la manipulación se puede definir como un proceso en el que un individuo o grupo trata de influir en la percepción, pensamiento, emoción o comportamiento de otra persona o grupo con el fin de lograr un resultado deseado.

Hay diferentes formas en las que la manipulación puede presentarse, incluyendo la manipulación psicológica, la manipulación emocional, la manipulación política y la manipulación publicitaria, entre otras mas.

La comprensión de la manipulación es importante desde una perspectiva mas científica, ya que puede ayudar a desarrollar una mayor conciencia y resistencia a la manipulación, así como comprender mejor cómo y por qué la manipulación puede tener un impacto negativo en la salud mental y en las relaciones interpersonales.

Saber cómo surgió y porque surgió dichas actitudes para manipular puede ser también muy utíl para su eliminación en el presente, pues observar de donde surge el problema, la causa verdadera y serás capaz de de exterminarlo inmediatamente.

Pues el que puede observar la verdad de las cosas tiene una vida libre y más apacible, que otras personas que viven en oscuridad y en una mentira.

Entonces desarrollar una conciencia hacia las causas que acontecen ciertas situaciones, los actos de las personas para tener ciertos logros, ayuda a entender mejor al mundo y las verdaderas causa de por qué, las cosas funcionan como funcionan.

Uno debe desarrollar el hábito de detectar a los manipuladores a los extorsionadores que andan en el entorno, debe ser capaz de reconocer las intenciones de las demás personas, y solamente hacer tratos con las personas que son afines a nuestros principios y valores.

Ser capaz de poder observar a las personas y conocer los motivos por las cuales funcionan puede darte una gran respuesta a las acciones que realizan en su entorno.

La verdad no es absoluta, pero uno puede estar más cerca de ella si entrena su conciencia, aquel que sea capaz de investigar y encontrar las respuestas, tiene el poder dentro de sí, para liberarse a sí mismo del sistema que somete a los incautos.

Hay muchas maneras de ser manipulado puede ser de una manera activa y pasiva, la activa es una forma de manipulación mas violenta, mas bruta de hacer las cosas, y la pasiva es una forma de manipulación indirecta y no violenta de abordar a los manipulados.

Sin que ellos se den cuenta de la misma, esto es vivir en mentira, pues cando cuando uno vive en mentira, no sabe las verdaderas causas del problema, y por consiguiente no podrá dar con las soluciones.

Recuerda que no ser parte de la solución, es ser parte del problema, pues como todos estamos implicados en conjunto, como un nido de abejas, lo que no beneficia a las personas no te beneficia a ti.

Capítulo X Manipuladores y manipulados

De seguro ya sabes como es una persona manipuladora, pero recalcar para no olvidar que, una persona manipuladora por naturaleza es aquella que utiliza tácticas poco éticas, engañosas o sospechosas para influir en las personas con el único fin personal de conseguir lo que quiere.

Puede incluir desde la sugestión suave hasta el engaño flagrante y puede ser muy dañina para las relaciones interpersonales.

Las personas manipuladoras a menudo utilizan técnicas de persuasión para convencer a los demás, como hacerles sentir culpables, también utilizan la lástima o la presión emocional.

También son aquellos que juegan con los miedos e inseguridades de las personas, en este caso sus victimas para lograr sus objetivos, casi sin importar que tanto afecte a la victima, pues no es su preocupación las otra persona, solo le importa a sí mismo.

Cabe recalcar que los manipuladores son sutiles a la hora de su accionar, al igual que no puede ser evidente inmediatamente.

Los manipuladores suelen ser muy hábiles en ocultar y disimular sus verdaderas intenciones, y por lo general aparentan ser amables y comprensivas con las personas a su alrededor.

Ahora bien ver las dos caras de la moneda amplía el panorama de la situación, asi se puede ver lo que realmente ocurre en cada situación, y no estar sacando conclusiones tan rápidamente, y vivir en una falsedad.

Ahora nos vamos a enfocar en la víctima, en la persona que es manipulada por otros, pues estas han sido influencias, controladas, incluso forzadas por otra persona o grupo de manera sutíl o explícita.

Esta persona puede ser llevada a tomar decisiones o realizar acciones que van en contra de sus propios intereses o valores, y a menudo se siente confundida o incómoda con respecto a la situación.

La manipulación puede llegar a ser psicológica, emocional o incluso física y puede ser realizada por un individuo o grupo con el fin de obtener una ventaja o control sobre la persona manipulada.

Es de importancia rezaltar que la manipulación es un comportamiento de bajos valores y causa daños emocionales y psicológicos a la persona o víctima.

Capitulo 2

Identificacion de técnicas comunes de manipulación

Reconocer las técnicas mas comunes de la manipulación, se refiere a la identificación de patrones y estrategias que son utilizados por aquellos que intentan manipular a otras personas.

Estas técnicas pueden incluir, pero no están limitadas a:

1.- Engaño: Mentir o distorsionar la verdad para manipular la percepción o la toma de desiciones de otra persona. Cuando alguien realiza este método siempre es por intereses personales.

2.- Presión emocional: Aprovechar los sentimientos y emociones de otra persona para manipular sus decisiones o acciones. Mucha gente se aprovecha de esta situación para manejar a su gusto a los demás.

3.- Reciprocidad: Ofreciendo algo a cambio de algo más para influir en la toma de decisiones de alguien. Depende mucho del contexto, pero si solo es para extorsionar al otro entonces si se puede considerar como manipulación.

4.- Autoridad: Hacer uso de un título, posición o experiencia para influir en la toma de decisiones de otras personas.

5.- Urgencia: Crear una sensación de urgencia o escasez para influir en la toma de decisiones de alguien.

Estas técnicas pueden ser identificadas a través de una combinación de estudios empíricos y teóricos en psicología social, psicología cognitiva y neurociencia.

Por eso es muy importante desarrollar la habilidad de saber detectar a las personas con actitudes manipuladores y maquiavélicas, para poder contrarrestar sus intenciones.

El conocimiento de saber como funcionan las cosas, es de suma importancia para el desarrollo social de cada persona.

La comprensión de estas técnicas es importante para ayudar a las personas a desarrollar una mayor conciencia y resistencia a la manipulación.

Quizas una de las habilidades más importantes que inculques en tu vida sea el de la observación.

Ser capaz de observar objetivamente el entorno, sin alucinaciones emocionales te da una mayor claridad sobre las citcunstancias.

Por eso es preciso tener encuenta los puntos anteriormente mencionados y al ser capaz de reconocer dichas tácticas vas a ser mas capaz de defenderte de dichas artimañas

Capitulo 3

La importancia de la comunicación y la auto conciencia en la prevension de la manipulación

La comunicación es importante por una gran variedad de motivos, uno de ellos es la claridad de la situación.

Al estar abierto y dispuesto a emplear una comunicación efectivo con un individuo, se pueden dejar las cosas desde el inicio, y a la larga evitarse de mal entendidos y disputas.

Es esencial desarrollar la habilidad de dejar las cosas claras desde el inicio, esto puede hacer que tengas mejores realciones interpersonales, y eliminas la manipulación en la ecuación.

Siempre y cuando uno esté realmente dispuesto a abordar los conflictos de manera clara y consisa puede percibir en su entorno un gran cambio de perspectiva.

Las personas pueden identificar dicho cambio en ti, y como reacción se van a quedar contigo o se van a alejar de tu vida.

Cuando tienes el poder interior de elegir tus relaciones tienes la capacidad de observar quien va a progresar contigo y quien te va a retener.

Para alguienasí es fácil detectar a los verdaderos detractores, y uno va diciendo con quien le conviene juntarse y de quien debe alejarse.

Desde una perspectiva científica, la comunicación efectiva es esencial para prevenir la manipulación. La comunicación clara y abierta permite a las personas establecer limites claros y proteger sus propios intereses, lo que dificulta la manipulación. Además, la habilidad de reconocer y resistir técnicas de manipulación es más efectiva cuando se comunica abiertamente y con confianza.

La auto conciencia es igualmente importante en la prevención de la manipulación. La auto conciencia implica una comprensión clara de uno mismo, incluyendo sus fortalezas, debilidades, valores y límites.

Conocerse a uno mismo tiene muchos beneficios cosa que también debería ser requisito para toda persona sea capaz de tomar sus decisiones, de una manera mas armoniosa.

Al tener una comprensión clara de uno mismo, es más fácil resistir la manipulación y proteger sus intereses. Al igual que crea mejores situaciones sociales para el resto.

En conjunto, la comunicación efectiva y la auto conciencia pueden ayudar a las personas a desarrollar una mayor resiliencia contra la manipulación y a proteger sus propios intereses y relaciones interpersonales.

Capítulo 4

Consecuencias psicológicas y sociales de la manipulación

Las consecuencias se refieren a los efectos negativos que la manipulación puede tener en la salud mental y en las relaciones interpersonales.

Dependiendo a la edad en la que se manipula a un individuo, ésta puede afectar a cada persona de distintas manera, cabe señalar que cualquier tipo de manipulación es perjudícial para el ser humano.

Cuando se emplea técnicas de manipulación a un niño, este lo acepta completamente, porque en la época en la que uno tiene de 0 a 6 años, su cerebro es una esponja que todo lo absorbe, por lo general el niño no razona solo recibe toda la información que hay a su alrededor y la acepta como una verdad absoluta.

Aplicar técnicas de manipulación a un niño puede causar en su edad adulta puede causar una gran diversidad de consecuencias en su edad adulta si no es tratado con un profesional del tema.

Un niño que ha sido manipulado de manera violenta o pasiva agresiva, en su edad adulta puede ser que tenga las mismas cualidades que las manipulaciones y abusos que experimentó en su infancia. Puede llegar a ser el producto de lo que ha vivido hasta ahora. O se puede dar la situación de que el individuo se vuelva en alguien débil, alguien que no es capaz de enfrentar las situaciones de la vida cotidiana, por la programación que ha obtenido en su niñez.

Desde una perspectiva científica, la manipulación puede tener un impacto negativo en la autoestima y la confianza de una persona, lo que puede llevar a la ansiedad, la depresión y otros problemas de la salud mental.

La manipulación también puede erosionar la confianza y la integridad en las relaciones interpersonales, lo que puede llevar a la tensión, la conflictividad y la ruptura de las relaciones importantes.

Además, la manipulación puede tener un impacto negativo en la sociedad en general, al socavar la confianza en las instituciones y en la política. La manipulación política por ejemplo, puede llevar a la toma de decisiones injustas y a la falta de transparencia, lo que puede tener consecuencias negativas a largo plazo para la sociedad.

En general la manipuñación en cualquier contexto, ya sea en lo político, en los deportes, en las relaciones interpersonales, etc. Ya es perjudicial para ambos para el manipulado y el manipulador.

Es importante tener en cuenta que la manipulación puede ser perjudicial tanto para el manipulador como para la persona manipulada, y puede tener un impacto negativo en las relaciones interpersonales y en la sociedad en general.

Por lo tanto, es importante comprender las consecuencias de la manipulación y trabajar para prevenirla.

Capitulo 5

¿Por qué existe la manipulación?

La manipulación existe porque algunas personas buscan influir en los pensamientos, sentimientos, decisiones y comportamientos de otros para obtener algún beneficio personal.

Esto puede ser motivado por diferentes razones, como por ejemplo la obtención de poder, control, ganancias financieras o personales.

A medida que a transcurrido el tiempo la maniopulación se ha vuelto mas sutíl, a nivel de que es muy difícil detectarla.

Se ha vuelto tan indirecta que resulta complicado para los humanos tener en cuenta esto y además contrarrestar su influencia en nuestra vida.

La manipulación ha existido desde hace mucho tiempo en la humanidad.

En la antigua Grecia, por ejemplo, los líderes políticos a menudo manipulaban a la gente para obtener su apoyo en las elecciones y para impulsar sus propias agendas.

En la religión, también se ha utilizado la manipulación para controlar a las personas y conseguir su adhesión a una determinada fe o creencia.

La manipulación también ha sido un tema en común en la literatura y el arte, como se puede ver en grandes obras como "El príncipe" de Maquiavelo y "1984" de George Orwell.

En la actualidad, la manipulación sigue siendo una realidad en muchas áreas e la vida, como la publicidad, la política, los negocios y las relaciones personales.

La tecnología y las redes sociales también han dado lugar a nuevas formas de manipulación, como el uso de algoritmos para influir en las decisiones de las personas y la propagación de noticias falsas y desinformación.

Lamentablemente la manipulación puede ser sutil y difícil de detectar, y puede tener efectos negativos en la victima, incluyendo una pérdida de confianza en sí misma y en los demás, sentimientos de culpa, ansiedad y estrés.

Es importante estar consciente de las tácticas de manipulación y aprender a reconocer y resistir a ellas para proteger nuestros derechos y libertades personales.

La comunicación abierta, honesta y respetuosa, y la construcción de relaciones basadas en la confianza y el respeto son importantes para prevenir la manipulación y fomentar relaciones saludables.

Capítulo 6

El origen de la manipulación

El origen de la manipulación es difícil de determinar con certeza, ya que es un comportamiento humano que ha existido desde tiempos antiguos.

Sin embargo, se cree que la manipulación es una forma de adaptación evolutiva para conseguir una ventaja en un entorno social complejo y cambiante, se dice desde cierto punto de vista que es incluso necesaria mientras sea dentro de lo tolerable de la persona.

Desde la antigüedad, las personas han utilizado tácticas de manipulación para influir en las decisiones de los demás, como en la política, la religión y los negocios, para obtener cierto beneficio de su público.

En la edad Media, por ejemplo, los líderes políticos y religiosos a menudo utilizaban la manipulación para mantener el poder y controlar a la población, por fines personales, o intereses personales.

A lo largo de la historia, la manipulación ha sido un tema recurrente en la literatura, la filosofía y la psicología, y ha sido objeto de estudio y de debate también.

La manipulación en la sociedad se es vista como un tema oscuro y negativo del cual hablar, un tema del cual no se habla mucho, y es abordado solo por gente especialesta del tema, cuando lo saludable es hablarlo de manera abierta con las personas.

El simple hecho de que este tema se hable poco lo hace verse como un tabu, lo hace ver como un tema oscuro del cual no se debería hablar, y para curar una herida es necesario que vea la luz para que esta pueda curarse, refiriéndome a heridas internas (emocionales, psicológicas) o externas (físicas).

En la actualidad, la manipulación continúa siendo un tema relevante en la sociedad moderna, especialmente en el contexto de la política, la publicidad y las relaciones personales.

Capítlo 7

Indicadores de la manipulación: cómo identificar si alguien está siendo manipulado

Es muy triste cuando uno de tus seres queridos familiares o amigos están siendo victimas de la manipulación en cualquier sentido que sea posible, y que no sea capaz de ser consciente de ello.

El que no paga el precio de ser consciente y observar la realidad acerca de como las influencias externas impactan su vida, paga un precio todavía mas caro, que es el de ser la marioneta de otros sin siquiera saberlo. Es más querer ser la marioneta.

Mientras uno sea capaz de darse cuenta de la situación real puede ser de gran ayuda para la persona que es la victima, lo difícil es hacerle entender la realidad pero ayudar a alguien en este sentido le hace abrir los ojos, le hace entrar en verdadero contexto de la situación, y hay más probabilidad de eliminar la manipulación en su vida y trabaja en el problema.

Aquí te presento algunas señales que pueden indicar que alguien está siendo manipulado:

- Cambios de su comportamiento o actitudes: Si una persona ha cambiado repentinamente su forma de pensar o de actuar, es muy posible que alguien esté tratando de influir en ella.

- Falta de confianza: Si una persona parece dudar constantemente de sí misma y se siente insegura acerca de sus decisiones, cabe la posibilidad de que esté siendo manipulada.

- Falta de libertad de elección: Si una persona parece estar actuando de acuerdo a las expectativas de alguien más, y no de acuerdo a sus propios deseos o necesidades, es posible que esté siendo manipulada.

- Sensación de control: Si una persona siente que alguien más está ejerciendo un control excesivo sobre su vida, es posible que esté siendo manipulada por alguien.

- Comentarios negativos o críticas: Si alguien está constantemente recibiendo comentarios negativos o críticas por parte de otra persona, cabe dentro de las posibilidades que esté siendo manipulada.

Es de suma importancia tener en cuenta que dependiendo de las situaciones y el contexto en el que se encuentre cada persona estas señales pueden no ser concluyentes del todo, y que es posible que una persona que las exhiba no esté siendo manipulada.

Sin embargo, si sospechas que alguien está siendo manipulado, es importante hablar con esa persona para brindarle apoyo y ayuda.

Eso si, antes de ayudar a alguien primero debes ayudarte a ti mismo y aprender sobre como funciona el mundo, como funcionan las personas, las empresas, las religiones, para desarrollar un sentido autocrítico de ti mismo.

Capítulo 8

Intervencion y tratamiento en casos de manipulación

La necesidad de intervención y tratamiento en casos de manipulación psicológica, desde una perspectiva científica, puede ser muy útil para la salud mental y las relaciones interpersonales de una persona, por lo que puede ser necesario buscar ayuda profesional.

Los terapeutas ayudan a las personas a comprender y superar los efectos de la manipulación, y a desarrollar habilidades para resistir la manipulación en el futuro.

El hecho de hablar sobre el conflicto con alguien que sea de confianza puede ayudar a la victima a superar la situación en la que ha caído, tanto se de cuenta de esto como de que no.

Tener a alguien con quien poder hablar sobre los miedos, los problemas, las preocupaciones, los conflictos personales, psicológicos y emocionales puede ser de una gran ayuda para el sujeto en cuestión.

El hecho de comunicar los problemas con un profesional, o alguien de mucha confianza es un gran para poder resolver los problemas en cuestión.

Además, en casos de manipulación psicológica en relaciones tóxicas o abusivas, puede ser necesario tomar medidas legales para proteger a la persona manipulad, solo si es un caso muy necesario.

Los abogados y los grupos de apoyo pueden ayudar a las personas a comprender sus opciones y a tomar medidas para proteger sus derechos e intereses, pertenecer a un grupo de apoyo es una gran terapia para las personas afectadas.

Es de suma importancia recordar que la manipulación psicológica puede ser perjudicial y requiere una intervención adecuada para abordar los efectos negativos. Por lo tanto, es importante buscar ayuda profesional si se sospecha de manipulación psicológica.

Ya que vivir en manipulación causa a la larga efectos negativos para la salud tanto física, como emocional, y psicológicamente.

Capitulo 8

Deportes

Resulta muy admirable ver como los atletas, deportistas profesionales se desempeña en cancha, ver a los mejores dando lo mejor de sí mismo enfrente de las multitudes mientras son aplaudidos, realmente es algo ejemplar de observar. Incluso me gusta por el mero hecho de inspirarme de las personas disciplinadas que logran grandes logros, son un ejemplo a seguir.

Lo curioso que ocurre en los deportes como el más popular mundialmente que es el fútbol, o basquetbol siempre ha habido un patrón muy curioso que ocurre entre los fanáticos, con las barras que apoyan a su equipo, y uno puede decir que la competitividad es sana, y en efecto estar en un ambiente competitivo te ayuda a mejorar, te inspira a hacer las cosas de manera distinta de una forma mejor.

Y esto es realmente saludable para evolucionar mejor aún si el proceso es constante pues te ayuda a sacar cada vez mejores resultados sea cual sea el ámbito al que te dediques. Es por eso que hay deportistas tan sobresalientes además de que son disciplinados y exigentes consigo mismos, pero hay otra cara de la moneda que son los fanáticos (no todos, pero si la mayoría), tu puedes ver a uno de ellos queriendo apoyar a su equipo para que gane, y si gana siente que es su victoria, o si pierde comparte el mismo sentimiento derrota, esto no suena tan malo a simple vista, pero si observas con atención.

¿Te has dado cuenta de que hay un enfrentamiento entre fanáticos de un equipo o del otro, incluso hasta llegar a la violencia innecesaria o hasta la muerte? Pareciera que todos los fanáticos no razonaran realmente en vez de poder disfrutar y ver a su equipo favorito dando lo mejor de si mismos, entonces ¿Porqué la gente tiende a volver violenta cuando ve al equipo rival ganando y se enfrenta con la fanaticada del otro equipo?

¿Es necesario que se enfrenten? ¿Cuál es el verdadero propósito de tales enfrentamientos?

La manipulación aquí pasa cuando nos hacen enfrentarnos unos a otros como si fuéramos enemigos unos de otros, cuando se destruyen amistades por el simple fanatismo, ahí te das cuenta que la gente realmente no razona o no racionaliza sus acciones.

Porque la emoción siempre va a prevalecer a la razón, ¿Desde cuándo el cerebro toma las decisiones desde la razón? Pero claro ahí vemos amistades arruinándose por el fútbol, el simple hecho de ganar o perder hace que las personas se separen, y lo se suena absurdo, pero como en el matrimonio si se trata la situación en ganar-perder, desde luego que esa relación va a fracasar, al igual que con una amistad.

Ahora voy a tocar un punto interesante que es el de las masas, muchos autores, investigadores, filósofos han hablado y escrito del tema, en su definición indica que una persona cuando está dentro o forma parte de la muchedumbre, esta pierde su capacidad de identificarse a si misma, pierde su identidad para ser uno con la muchedumbre cada pensamiento o decisión de esta influye en los participantes, esta muchedumbre forma una inteligencia colectiva en la que cada individuo sigue de manera fiel he irracional, cada persona retrocede su consciencia como si fuera un bárbaro de la prehistoria y sigue única y especialmente a las masas, puesto que cuando un individuo esta solo dispone de la capacidad de pensar, de razonar y tomar decisiones por si mismo, todo lo contrario ocurre cuando se expone a las masas, este pierde la capacidad de decidir, se somete a la muchedumbre y se moldea a ella de forma automática, como simple bárbaro, la estupidez que manifiestan las masas los individuos no las pueden identificar o diferenciar puesto que se han unido a la masas y son uno con ella.

Todo lo contrario cuando un individuo se aleja de ellas, es capaz de lograr tomar sus propias decisiones, es capaz de razonar en la soledad y ser autentico puede desarrollar su inteligencia he ir en contra de la corriente, y crear una consciencia más saludable para sí mismo he incluso para su entorno.

En ese sentido yo creo que lo estamos viendo desde el punto de vista irreal, porque al fin y al cabo es un simple partido es deporte sano, o debería serlo para todos, sería algo bueno que cada fanático establezca acuerdo mutuo que establezca estar presente en cada partido respetando a la fanaticada del otro equipo y que van a disfrutar de un buen partido y todos estén dehacuerdo, cuando en realidad ¡no es así! Y yo sé que la emoción de un gran partido te puede impactar, y eso esta bien de eso se trata, de disfrutarlo, pero llegar hasta las peleas por un equipo que ni sabe que existes no hace falta, su victoria es de ellos no tuya.

¿No sería mejores que apoyes tu propia causa? ¿Que ganes tus propias victorias, y que te admires para verte haciendo lo que mejor sabes hacer? Sé tu propio fanático, apoya tu propia causa, festeja cuando ganes y cuando pierdas aprende, da la vida por ti no por un equipo el campeón aquí tienes que ser tú. Y has de admirarte cada día para ser el mejor en tu ámbito, y si no te gusta el ámbito en el que estas entonces cámbialo, pero apóyate a ti mismo ten tu propio equipo de ganadores. Los deportes sólo úsalos como medio de entretenimiento sano y relajación, no te pelees con tu prójimo por estar en desacuerdo de equipos, es absolutamente innecesario.

Capítulo 9

La manipulación en el entorno laboral

Un cuento que ya es clásico y típico es que de seguro te dijeron que para ser exitoso, estudies en el colegio en la universidad, que consigas tu título y que trabajes por el resto de tu vida hasta que te jubiles y listo, esto el "normal" para todos, pero me parece que esta fórmula está incompleta, está vacía, y ¿Que ocurre con las fórmulas con ingredientes incompletos? Pues de seguro que te va a salir una atrocidad, como resultado.

Ahora ¿Cómo nos manipulan en el trabajo? Pues hay que observar cual es la causa de cómo has llegado a tal situación, con el párrafo anterior es como un programa que te implanta en tu mente para que pienses que sin ese proceso no vas a poder vivir ni lograr cosas, o lo que sea que te dijeron.

Lo que ocurre en el trabajo es algo curioso porque literalmente tienes que ir a un lugar que probablemente no te gusta, para hacer cosas que no te gustan para ganar dinero, con el cual lo más seguro es que te lo gastes en personas que no te agradan, entonces se puede decir en pocas palabras que no eres libre, en efecto, has sido y estas siendo manipulado, repito la causa ya sabemos cuál es.

Puedes investigar sobre cómo se hizo este proceso para que las personas sean manipuladas y que su única función es servir a las instituciones de mayor poder en el mundo es una historia fascinante que no da para comentar en este libro.

Pero si revisas la historia estos conceptos tienen su génesis su causa, por eso es importante que con los recursos que tienes investigues.

Te voy a dar unos ejemplos de como se manifiesta la manipulación dentro del trabajo:

- Cuando dentro de tu trabajo hay trabajadores que quieren que te vaya mal,, te desean el mal en tu empleo, y esto es lamentablemente algo muy común dentro de las empresas.

- Cuando el jefe te dice que si no estás contento acá en el trabajo entonces tienes las puertas abiertas cuando gustes para irte, es una manera sutil pero fuerte de decirte que si no vas a cumplir con todo lo que ellos te exigen te puedes retirar. Que detrás de ti hay 20 personas de ti que pueden hacerlo mejor y mas barato.

- Cuando te dicen "ponte la camiseta" del trabajo pero en pocos lugares se "ponen la camiseta" hacia el empleado

Como dije antes, lamentablemente vivimos en una sociedad en la que esta clase de cosas son "normales" pero ¡No lo son!. ¿Tu crees que un trabajador o empleado se quiera quedar en un lugar en el que te digan o pidan esa clase de cosas? Pues si el trabajador se quiere un poquito no lo va a aceptar para nada, pero estamos así en empresas que abusan a sus trabajadores y que gracias a ello, se quedan como máximo 1 año, 6 meses o quizá menos.

Claro y como eres el trabajador que tiene que obedecer te tienes que quedar callado y obedecer.

No tienes la opción de opinar solo de obedecer.

Quienes tienen el coraje de no permitir tratos así y de mandar al carajo a su jefe, por lo general logran cosas maravillosas por su cuenta, viven más libres, más tranquilos y más felices.

¿No te ha pasado que en tu vida has visto a personas que se salen de lo acostumbrado, que rompen esquemas, que son realmente únicos he incluso que son unos locos? Se les suele llamar la oveja negra, y espero que hayas podido conocer a personas así, aunque lo más probable es que hayas visto a pocas, porque curiosamente las personas que de jóvenes son así, como la oveja negra, el loco, al final lo terminan logrando cosas maravillosas, estas personas son de respetar y de tomar a ejemplo.

Pareciera que las cosas estásn al revés, pero no es así, si tu ves a una oveja negra, o sea a alguien que tiene los huevos para salirse del esquema hacer cosas que otras personas no se atreven, lo más normal es que la tachen de algo malo, de diabólico, de corrupto.

¿Por qué? Simplemente porque los rebaños o grupos de personas, no están acostumbradas a ver a personas que se salen de lo normal, que hacen cosas locas, cosas diferentes.

Y prefieren quedarse en su zona de confort sin ver cambios en lo ya establecido, son "felices" con lo que tienen y como están las cosas.

Si cambias algo de su entorno no lo van a tolerar, ese no es problema para la oveja negra o en otras palabras, a aquellas personas que se atreven a cambiar las cosas sin que les importe realmente la opinión de la gente.

Gracias a esa clase de persona es que hay progreso, hay cambio postivo.

CAPITULO 10

La manipulación Política: cómo la manipulación se utiliza en la política y cómo afecta a la democracia

Una cosa con la que mucha gente vive en su vida es con la política, mucha gente tiene un partido político que mas les gusta, un gobernador favorito, una causa política preferida, puede llegar a ser un propósito de hecho para mucha gente. ¿Por qué? Puede haber muchísimas razones por esto, puede ser porque una persona se identificó con algún alcalde, puede ser que el eslogan o el nombre de la causa le resulte atractiva, puede que simplemente le gusta lo que representa dicho partido político, con sus promesas, etc, etc.

De hecho un partido político es más que una causa, es un negocio rentable en la que mucha gente está implicada, hasta aquí parece que no hacen daño a nadie o afectan de algún modo, incluso parecen buenos.

Pero ¿que tal si consideras que en la política como en los deportes están influyendo o manipulando de alguna manera?

En efecto lo hacen y si ya lo adivinaste si, lo hacen por interés propio, un partido político no se va a preocupar de tu bienestar, o si llegas a tiempo a tu trabajo o si te está yendo bien o mal en la vida, asi no va la cosa, lo que realmente quieren ellos es tener tu apoyo, tus votos, y tu fé solamente en ellos como si ellos fueran la solución a todos nuestros problemas y la única solución viable.

Esto de hecho es un insulto a la inteligencia. Ahora piensa en la gente que los sigue, de hecho piensa en las multitudes que los siguen con una fé ciega.

Esas personas no tienen una percepción profunda de las causas por las que un político se quiere ganar a su público, todo es una cortina de humo para ocultar sus verdaderas intenciones. Ahora no estoy indicando que todos los políticos del mundo tienen malas intenciones con su país.

Pero si debes tomar en cuenta que ellos deben usar la manipulación para conseguir lo que quieren sin importar que tan lejos han de llegar, y con eso me refiero a perjudicar al país.

Y te digo una cosa ¿Sabes cuanta gente se cuestiona ésta clase de cosas? Muy poca, muy poca gente hace un pequeño análisis de como actúan las personas cuando tienen el poder, la verdad es todo un espectáculo que observar.

Y algo muy curioso es que cuando tu mismo creas o tienes tu propia causa en qué apoyar en que creer, tienes tus propias metas, eres tú quien crea tus propios movimientos revolucionarios en tu propia vida puedes vivir más feliz y mas libre.

Lo que quiero decir es que no debes depender de los partidos políticos, ni debes poner toda tu fé en ellos, mejor tenlas en ti mismo para que luego no te manipulen, y te termines confrontando con otras personas por pendejadas causadas por los políticos.

Ahora bien lo malo de lás multitudes es que cómo son gigantes y se trata de mucha gente se crea una mente colectiva que hace que todos vayan en una sola dirección al unísono, en dónde uno dirija y el resto obedezca con una fé ciega, ellos creen que actúan por voluntad propia pero en realidad no es así, pues la mente colectiva te arrastra a lugares que no irías y que sabes que son malos para ti pero ves a las multitudes y al parecer no importa ¨mientras pertenezca a la tribu todo va a estar bien¨.

Y de hecho todo esto se trata simplemente para satisfacer la necesidad de pertenecer en un lugar, todos tenemos ésta necesidad todos queremos ser parte de una causa queremos estar en conjunto de una causa por la cual luchar, todo está bien porque somos animales sociales y esta en nuestra naturaleza convivir con nuestros seres queridos familia, amigos pareja he hijos, trabajar y dejar un legado que valga la pena, y ese es el punto de todo esto, esta ¨vulnerabilidad¨ que tenemos la aprovechan los políticos a su favor para que caigas y entregues tu fé en ellos, repito como si fueran la única solución en este mundo, y la respuesta es no, la vida no es así, no hay una sola respuesta, hay varias de las cual nosotros podemos escoger lo mejor que creemos que es para nosotros, entonces no hay una sola respuesta, hay varias

No hay una sola respuesta para los problemas, hay varias.

Y como los políticos no son la única respuesta a nuestros problemas como ellos nos lo venden no los necesitamos, de hecho ellos nos necesitan, si no fuera por nosotros un político pierde todo su poder y todo su respaldo, no digo que no los necesitamos porque si necesitamos lideres visionarios que nos guíen es la verdad, pero verdaderos líderes.

Ahora lo que hacen ellos es simple, nos ponen en contra unos de otros, siempre vas a ver que el partido A está en contra del partido B, como en el futbol la gente odia a su prójimo solo por apoyar a otro equipo que no sea el suyo, y así nos ponemos en conflicto unos con otros ¿Acaso esto no es estúpido? ¿Acaso el país no va a avanzar si no nos confrontamos y odiamos unos a otros? Claro que no pero ahí ves a la muchedumbre aplaudiendo a un político que realmente no le interesas, y estoy hablando de cientas de miles de personas, incluso millones de personas obedeciendo como si fueran ovejas o un ganado, y confrontándose al otro conjunto de ovejas de su otro partido político al que apoyan, date que cuenta que solo te están usan para eso, para sus intereses personales, que de hecho todo esto se trata de intereses personales, porque si no fuera así los partidos políticos no tratarían de seducirte para que pongas tu fé en ellas.

Y como nos ponen en conflicto, los únicos que salen ganando son los políticos que logran sus objetivos, y pregunto yo ¿Y donde quedaron los tuyos? Exacto a ellos nunca les importo, solo quieren seguidores para manejarlos a su antojo, porque en si, tiene sentido manejar o tener a una gran cantidad de personas que te apoyan y tienen tu voto, y como lo usan solo para su beneficio, lo que un mal líder haría, entonces el único que logra aquí es el político con ayuda de mucha gente, gente que luego solo sale perjudicada o en conflictos mas sociales, que no tienen ningún propósito, solo la destrucción, personalmente yo pienso que utilizan a la gente como títeres para sus ambiciones para su espectáculo, como dice el dicho, "Todo sea parte del show".

Y da coraje luego ver a tanta gente protegiéndolos como si fueran algún tipo de Dios (en términos exagerados) he visto gente que hasta se ponen la camiseta del político, político que le importas realmente le importas un carajo ¿acaso esto no suena de lo mas absurdo?. Claro que sí, pero ahí sigues viendo a la gente como hipnotizadas sin criterio propio apoyando a la estupidez humana, sigues viendo en tu entorno a gente que se pelea por personas que no les importas, por una causa que no te importa, para agradar a gente que no te importa, o no te debería agradar realmente.

Ahora bien, salir de este juego de manipulación, (porque lo es) puede ser muy fácil, o muy difícil, dependiendo de tus creencias, gustos, y sobre todo tu criterio, como siempre la repuesta siempre está en ti, y no en un tercero.

Primero debes dejar de consumir las noticias que todo el mundo ve ¿Por qué? Pues porque están llenas de malas noticias de robos, asesinatos, violaciones, y por supuesto son esa clase de cosas las que nos joden el cerebro y nos vuelven imbéciles, como monos de circo.

Entonces sí, si nos están programando los medios de comunicación para que adoptemos ciertos gustos, ciertas opiniones, ciertas creencias, para que actuemos a su favor, y lo estoy diciendo así de simple para hacerlo lo mas simple posible, pero el estudio de la manipulación de las masas es algo que toda persona debe profundizar por sobre como nos manipulan, como nos programan desde niños, para que nuestra manera de ser nos la atrofien de manera permanente si no hace algo al respecto, como lavado de cerebro, es una locura.

Porque no somos simios de experimento, somos humanos, no tenemos que vendernos por terceros, no pongas las manos al fuego por alguien que le importas un carajo, así de frío lo digo, porque es una estupidez.

Segundo solo apoya con todas tus fuerzas a ti mismo, a tus sueños y a tus seres queridos, si queremos ver un cambio positivo en nuestro entorno, entonces debemos adquirir la disciplina de, apoyar y creer en nosotros, para lograr, y para ayudar, ayudar realmente, solo así vas a mejorar tu vida, con tu propio esfuerzo, con una causa propia puedes mejorar las cosas y dejaras de vivir manipulado por terceras personas, en este caso los políticos.

Capítulo 11

Sistema Educativo

Lo más seguro es que te sorprenda que ponga un apartado exclusivo sobre el sistema educativo y en efecto, cuando digo sistema educativo me estoy refiriendo a los colegios y las Universidades en las que "todos" debemos ir para conseguir un título.

Que no te sorprenda saber que el sistema educativo esta creado para que las personas actúen y vivan de cierto modo, y si, es del modo en el que viven las personas manipuladas.

Te voy a explicar como funciona el sistema y como nos lo han explicado a todos de hecho.

Desde que naciste se te dijo que para poder tener éxito en la vida has de ir al colegio y luego a la universidad, para así poder conseguir tu título universitario.

Una vez conseguido el título te dijeron busca un trabajo en el cual depender toda tu vida y cuando seas mayor quien sabe.

Este plan es muy malo porque este sistema fue creado en el siglo XX para formar a personas que trabajen duro en las fábricas todo el día, hoy en día no hace falta hacerlo porque no se si te diste cuenta pero hoy las máquinas han reemplazado al ser humano, todos los trabajos que antes habían han desaparecido.

Las maquinas, la tecnología y la inteligencia artificial a tomado su lugar en esos trabajo duros que requieren de todo el día.

Hoy en día puedes apalancarte con la tecnología para ser más productivo y eficaz con tus proyectos.

Entonces el sistema educativo es tan anticuado, que resulta absurdo depender de un título para lograr cosas maravillosas en tu vida.

Ahora bien, con esto no quiero decir que el título universitario es inútil, de hecho tener un título universitario hoy en día sigue siendo un poco útil a la hora de conseguir empleo, aunque la verdad sea dicha. Uno puede conseguir un empleo por las capacidades que demuestra y sin tener título, entonces en ese sentido ¿Cuál es la verdadera realidad aquí?

Simple es un engaño eso de que vas a lograr cosas maravillosas cuando tengas tu título, la cosa no es para nada así, de hecho vas a lograr cosas maravillosas cuando descubras en qué eres bueno y ejerces tus aptitudes de manera constante he inteligente.

Y esa clase de cosas definitivamente no te las enseña el sistema educativo.

Resulta muy curioso porque en los colegios nadie habla de esto, o nadie te enseña a manejar esta clase de situaciones a tu favor, te adoctrinan para que no pienses por ti mismo, para que obedezcas ordenes y seas un cordero más del rebaño, un empleado mas.

Alguien que no piense por sí mismo.

Este sistema educativo esta totalmente desactualizado porque sigue siendo el mismo de hace ya casi 100 años, y resulta impactante ver como los hospitales, los negocios, las nuevas tecnolgias y trabajos se modernizan, definitivamente hoy vivimos en otro mundo del que te lo pintan en el colegio o universidad.

Pero ¿Dónde quedo la educación? Parece que quedó en el olvido, y no es broma, el sistema educativo de hoy en dia es totalmente anticuado he irrelevante para las competencias actuales necesarias para tener éxito, o para lograr sus proyectos.

Y con todo esto, ¿Dónde esta la manipulación? Pues esta manipulación es totalmente pasiva, porque el mismo sistema y todas las persona de tu alrededor te diran que debes ir al colegio y a la universidad para cumplir con tu éxito.

Lo que significa es que, lo que ya está como establecido es mejor no cambiarlo ni mejorarlo porque de seguro sigue funcionando bien, que por supuesto es un rotundo error.

Entonces desde este punto de vista todos son victimas de los que manejan el sistema, y como todos son victimas de este sistema, entonces es como estar en una matrix en la que tienes solo un destino que te lo elijen para ti, y de seguro es uno que no te va a gustar ni vas a ser consciente de ello realmente.

El reto es literalmente salirse de esa matrix, salirse de esa realidad, que por supuesto puede ser muy difícil si te han inculcado desde niño que para ser alguien en la vida debes si o si ir al colegio y a la universidad.

Para salirse de la matrix uno tiene que buscar averiguar he informarse sobre que está pasando actualmente en el mundo, averigua como funcionan las cosas actualmente, como funciona la economía, como funciona el dinero, en general averigua como funcionan las cosas en el mundo.

No te quedes solo con lo que te dicen las personas, investiga por tu propia cuenta, no creas todo lo que te dice la gente, avrigua porque hay personas que dejaron la universidad, dejaron el colegio y ahora son millonarios.

Al sistema no le importa que realmente tengas éxito, al sistema solo le importa que la gente sea super consumista hoy en día, para poder generar mas recursos.

No dependas del sistema, date el trabajo de crear una nueva realidad por ti mismo, solo asi podras romper con aquellas cadenas de la manipulacion que hace ya mucho tiempo a muchas personas han manipulado, a millones diría yo.

Hay un autor que recomiendo encarecidamente sobre este tema y es Robert Kiyosaki, y su libro Padre Rico Padre Pobre, en él te explica como piensa los ricos y los probres de una manera certera y simple, es una lectura obligatoria para todos lo jóvenes, te da la diferencia de empleados y empresarios el libro es maravilloso y muy recomendado.

Y si el mundo cambio, pero lo hizo ya hace mucho tiempo, las cosas que te enseñan en el sistema educativo ya no te sirven hoy, de hecho con un simple video de Youtube puedes aprender mucho mas que yendo meses al colegio.

¿Cómo le podemos llamar a que un niño siente que aprende más viendo Youtube que yendo al colegio y a la mejor Universidad?

Puede ser un crimen, por eso los padres también deben aprender sobre sus propios hijos de hecho los padres aprenden más de sus hijos que viceversa.

Pero hay mucho padres que no están dispuestos a aprender y a cambiar lamentablemente, siguen hipnotizados viviendo una mentira que la que probablemente nunca despertaran.

Las verdades pueden ser duras, pero es mejor pagar el precio de lo caro, que lo barato, porque lo barato a la larga termina siendo mas caro.

Capitulo 12

La manipulación en la Publicidad y los medios de comunicación: cómo se manipulan las opiniones y los comportamientos a través de la publicidad y los medios de comunicación

La publicidad se puede entender como todo aquello que quiere llegar a ti para que tu consumas ya sea productos o servicios, la publicidad es una herramienta muy importante para las empresas con la cual puede aumentar sus ventas y crecer como empresa esto resulta muy útil para los dueño de empresas para enriquecerse y capitalizarse con la compra de sus cliente.

Conocemos el motivo por el cual una empresa utiliza la publicidad, es para atraer clientes.

En efecto es un negocio por eso hay publicidad, hay tanta de ella que resulta difícil distinguir los buenos productos de los malos, y para esto hay que ser muy objetivo, hay que convertirse en un consumidor profesional.

Esto significa que hay que saber que clase de productos consumes y que tan bueno o malo es para tu salud, para tu bienestar el que lo consumas, al igual que los servicios, muchos servicios resultan ser puro humo, o un servicio incompleto o hasta mal hecho.

Por eso hay que convertirse en un experto en lo que consumes, porque es una terrible idea consumir simplemente para satisfacer la necesidad. ¿Por qué? Simple, porque digamos que tu tienes hambre y te da la necesidad de satisfacerla con comida rápida, o sea hamburguesas, hot dogs u otra cosa parecida, al día siguiente vuelves a tomar la decisión de consumir la comida rápida, y así hasta que se te haga un hábito satisfacer tu hambre con comida rápida.

Todo muy delicioso al consumir la comida rápida y eres felíz ingiriéndolo.

Al corto plazo no va a ocurrir nada pero pasado el tiempo vas a ver los efectos de la comida rápida en tu cuerpo, en tu mente, o sea por dentro y por fuera de tí.

Consumir hamburguesas, o hot dogs a diario durante un mes hace que engordes, que seas más lento y menos productivo.

Hace que tu mente funcione más ineficientemente, se vuelve mas lenta.

Que cosa mas distinta seria que tomes 2 litros de agua al día, consumas productos netamente naturales, como el aguacate, las almendras los plátanos.

Ahí si vas a ver un cambio rotundo en tu salud en tu cuerpo y en tu mente, te llenas de energía para todo el día estas saludable y tu mente es capaz de resolver problemas más efectivamente, te vuelves más eficaz y mas sano.

Por eso todo esto se puede reducir en tanto los buenos hábitos como los malos hábitos a la larga nos dejan resultados o positivos o negativos, y como el ejemplo que te acabo de dar, puede que un hábito como satisfacer el hambre con comida chatarra por un día, no va a ocurrir nada.

Pero imagina que lo haces por un año creo que sabemos cual será el resultado, y la autoestima esta involucrada en todo este asunto.

Al igual que los buenos hábitos, si haces ejercicio cada día por un año vas a ver resultados positivos en tu salud.

Entonces dicho esto ¿Dónde está la manipulación en ésta situación? Cuando las empresa X tiene la intención de venderte un producto o servicio de dudosa calidad, cuando un producto puede afectarte a tu salud a largo plazo, cuando un servicio realmente no te ha dado el valor que te han prometido, cuando en vez de conseguir aquello que tu querias resulta que te han estafado de alguna manera, y lo peor es NO SER CONSCIENTE DE ELLO.

Otro ejemplo son los programas que vemos a diario en las pantallas, ya sea de celular o del televisor, incluso del cine, los contenidos que consumes.

Cuando una persona muchas telenovelas se vuelve extremadamente emocional, muy dramática, en su propio entorno exagera tanto como el las telenovelas que mira.

Y el cerebro es así cuando observa esos contenidos pasionales por la Tv, mirar telenovelas no es sano para la mente y para el raciocinio.

O por ejemplo esos realities shows, aquellos programas donde abundan los tipos guapos y las mujeres atractivas, donde ocurre mucha violencia, fiesta y relaciones, esos programas lo único que te venden es violencia, sexo y dramas, están hechos para que te vuelvas idiota.

En otros términos, has de diferenciar lo que consumes como aquello que te pueda educar con lo que te pueda simplemente entretener.

Eso va a ser un cambio positivo para tu mente y para ti mismo.

Como sabes uno es lo que consume cada dia también lo que ve y de quien se rodea.

¿Cómo podemos volvernos conscientes sobre lo que consumimos o lo que elegimos ver? Cuando te haces ésta clase de preguntas ayudas a tu proceso de consciencia a tener más en claro que es bueno para ti, por ejemplo la gente ama la Coca Cola: es el refresco mas exitoso del mundo y más querido por las familias.

Como ya es costumbre uno no puede imaginarse compartir las comidas con tus seres queridos sin que haya Coca Cola, todo bien hasta aquí hasta que empiezas a cuestionar he investigar todo, y te enteras según estudios de que la Coca Cola entre los componentes más tóxicos que lleva se destaca el ácido fosfórico, que tiene un efecto corrosivo. La aparición de diabetes, anemia pérdida del esmalte de los dientes, el envejecimiento y obesidad, forman parte de los efectos dañinos a la salud.

Es por eso que no toda publicidad es realmente buena o es lo que dice ser, de hecho la mayoría de esos productos no son realmente buenos para la salud, al fin y al cabo una de las recomendaciones más comunes es consume frutas, pues si la verdad es de los mejores alimentos que puedes consumir para ti y para tu energía, consumir diario frutas puede aumentar tu nivel de energía que es lo mismo a que aumente tu nivel de productividad por el resto del día, si haces de esto un hábito vas a ver cambios positivos en tu bienestar, en tu salud, en tu físico como dice el dicho, "Mente sana en cuerpo sano".

Entonces aprende sobre qué es bueno para ti porque si dejas esa opinión a alguien lo más probable es que te terminen vendiendo cualquier cosa, porque a ellos solo les importa vender y generar ganancia a toda costa, no les importa tu salud.

Ese es tu trabajo, tienes que saber que és realmente bueno para ti y porque.

No caigas en las redes de los medios de comunicación sin antes investigar, no les compres todo lo que te vendan, ya sea productos, servicios, hasta ideologías.

Por que ellos te pueden vender ideiologías, creencias, valores y formas de pensar que no necesariamente sean las más correctas, al contrario por lo general están equivocadas.

Sé más cuidadoso a la hora de qué es lo que vas a consumir, pregúntate si lo que estás a punto de comer va a aumentar tu energía y va a hacerte sentir sano, si la respuesta es no, lo mejor es descartarlo o consumirlo menos.

O si el contenido que estas fiendo puede ser de fiar realmente, sé crítico y no te creas todo lo que ves, mejor cuestiona todo, y encuentra respuestas, las que necesitas.

Capitulo 13

Amistad

Aquí hay un dato de interés y es el siguiente: Dentro de los próximos 5 años tu vas a ser quien vas a ser dependiendo de qué libros lees y con quien te juntas, las personas no lo saben pero los libros pueden cambiar la mente y el corazón de las personas, cuida lo que lees y con quien pasas más tiempo.

¿Quién no ha tenido un amigo mala influencia en su vida? Aquél que te traía mala suerte cada vez que se juntaban y salían las cosas mal todo el tiempo, te llevaba por situaciones que hubieras preferido no haberlas pasado, yo creo que todos hemos tenido esa clase de relaciones. El caso es que sabemos que no es buena esa relación pero la mayoría ahí está aferrada, aún sabiendo que esa relación no te aporta nada bueno es mejor estar solo que con aquella relación, por el simple hecho de que a largo plazo tu eres el producto de las personas con las que te juntas, por eso es muy cierto ese dicho "Dime con quien andas y te diré quién eres"

La manipulación en este escenario es cuando el grupo de amigos con el que te encuentras te impone algun tipo de costumbre o norma de manera o pasiva o agresiva, por lo general uno acepta estas condiciones simplemente para pertenecer al grupo de amigos, aunque eso que te impongan no es algo que tu realmente quieras hacer pero lo haces para quedar bien con los demás. Y tu ¿Dónde quedas?, ¿Dónde quedan tus valores y principios? en ese caso lamentablemente, no estas siendo fiel a ti mismo y te estas vendiendo de forma barata con otros a costa de tus valores, estas haciendo cosas que no quieres hacer con personas que muy probablemente no te agradan o realmente no te importan, no te engañes, no te estafes y no permitas que estas personas y estas situaciones sean parte de tu vida.

Puedes reconocer la manipulación en tus amistades cuando te inducen a hacer cosas por las que sabes que no son las más correctas ni las más buenas.

Todo lo contrario: son cosas que uno estaría mejor sin hacerlas, o estarías mejor cuando no participas en sus propuestas.

Lo graciosos es que cuando los mandas a la mierda ellos te terminan buscando y necesitando porque ellos te necesitan más a ti que tú a ellos.

Entonces demuéstrate que tú te mereces lo mejor en todos los sentidos, acepta que tu has a traido esa clase de escenarios, tus los has aceptado, y solo tu puedes cambiarlo por uno mejor, uno que valga la pena vivir.

La gente manipulada es la que atrae esa clase de situaciones y son solo ellas las que pueden cambiarlo, si esta en tu poder velar por ti ver quien es tu amigo, quien es buena influencia para ti, y no hace falta que me creas todo lo que te digo, pero averigua y saca tus propias conclusiones, ten tus propias experiencias.

Lo que estoy sugiriendo es, observa, observa si estas orgulloso, satisfecho de tus relaciones si están en sintonía con sus principios y valores si comparten intereses personales en común, y si van en la misma dirección aún mejor, porque estar manipulado por una amistad es realmente agotador y no eres feliz aunque creas que es buena, es mejor estar solo que mal acompañado, aprende a mandar a la mierda a la gente que haga falta, ese vacío lo llenará el universo con nuevas experiencias y personas, esto es así pero de ley.

Eliminar amigos de tu circulo de amistades puede ser algo terriblemente difícil, es como hacerse una cirugía que puede costarte la vida, hay que pagar el precio por aquellas malas desiciones de amistades, asi de dramático es, pero luego de la recuperación eres una persona diferente y más libre porque estas tomando tus propias desiciones de elegir con quien te juntas, lo repito una vez más, somos el producto de con quien nos juntamos la mayor parte del tiempo, si te rodeas de 5 abusadores tú serás el sexto, si te rodeas de 5 perdedores tú seras el sexto, si te rodeas de cerebritos tú serás el sexto, sí te rodeas de 5 personas felices tú serás el sexto, si te rodeas de 5 personas exitosas definitivamente tú serás el sexto.

La energía es contagiosa por eso lo mejor es cuidar de quien nos rodeamos, con quien pasamos más tiempo, qué clase de valores, pensamientos y creencias tenemos.

Tú tienes que recordarte cada día como si fuera tu mantra de vida, "llegaré a ser el resultado de las 5 personas con las que más me junte en mi vida".

Yo te lo digo por experiencia que estaba, no con las peores amistades, pero no aportaban cosas realmente buenas a mi vida, uno tiene que acercarse con las personas que son lo que tu quieres llegar a ser y alejarte silenciosamente de todo lo demás, así como un radar debes saber identificar quien realmente va a traer abundancia a tu vida y quien destrucción, una persona con una gran autoestima sabe cuidarse de esas persona y solo se junta con gente maravillosa, sabe diferenciar lo que a largo plazo va a ser bueno para su vida y hacer las acciones necesarias para lograrlo.

Necesito aclarar que si tienes malas amistades en tu vida lo mejor que puedes hacer es extirparlas de tu vida, pero hacer eso puede resultar demasiado difícil de hacer porque es como extirparte luego de una operación, es un sacrificio nada fácil de hacer, pero a largo plazo vas a ver que habrá valido la pena, que te habrá dejado una enseñanza más grande y lo mejor de todo es que con ese vacío que te permites a tu vida van a llegar mejores contactos, porque el universo es así detesta ver espacios vacios y necesita llenarlos, entonces no te preocupes por lo que vas a perder, a comparación de lo que vas a ganar a largo plazo, yo te lo digo por experiencia, recuerdo cuando deje a un grupo de amigos que eran fiesteros se metían con todas las mujeres, o casi todas, les gustaba consumir bebidas alcohólicas eran infieles con sus parejas, y básicamente ese era todo el foco de la relación, el día que dicidí dejar todo eso atrás fue cuando realmente me comprometí a hacerlo, sentí que había llegado hasta donde yo creo que es el límite de lo tolerable, así que dentro de mí termine la amistad decretándomelo a mí mismo, con una fé enorme, porque tienes que creértelo, no te tiene que caber ninguna duda en tus pensamientos porque si dudas dentro de ti no se va a hacer realidad, tienes que creer que vas a estar en un lugar mejor y te van a salir mejor las cosas y vas a tomar mejores desiciones, que debes estar haciendo solo lo mejor con tu vida. Y si tienes la certeza de que va a ocurrir, tarde o temprano se hará realidad, es el precio que hay que pagar para lograrlo pero realmente vale la pena.

Ahora agradezco haber tenido esas relaciones porque fueron parte de mi vida, de mi historia y los aprecio mucho, porque me han dejado unas grandes enseñanzas de vida, que quizá no las hubiera visto si no terminaba la amistad, entonces tienes que ver las enseñanzas que te dejan todas tus decisiones.

Solo así sabrás que has tomado la decisión correcta, porque has aprendido de ello, cuando te preguntes si la decisión que estas por tomar es la correcta, solo será la correcta si aprendes de eso y sacas lo positivo en ello, entonces fue una buena decisión, solo hay malas decisiones cuando no aprendes de ellas, asi de simple.

Capítulo 14

Amor

Las realciones de pareja son importantes en la vida de cada persona, gracias a ellas, uno puede crecer y madurar personalmente hasta donde uno este comprometido.

Las relaciones amorosas deben ser basadas en la confianza, responsabilidad, el respeto y la sinceridad.

Sin embargo, en algunos casos, una persona puede sentir necesidad de manipular a su pareja para obtener lo que desea o para controlar la dinámica de la relación.

La manipulación puede presentarse de muchas formas diferentes, desde la manipulación emocional hasta la manipulación financiera.

La manipulación emocional.- Este tipo de manipulación implica jugar con los sentimientos de alguien para lograr un resultado deseado.

Manipulación financiera: Esto implica controlar el acceso a los recursos financieros de alguien para influir en sus decisiones.

La manipulación en el amor consiste en usar tácticas disimuladas o engañosas para influir o controlar la conducta o los sentimientos de otra persona en una relación amorosa.

Muchas veces una pareja manipula porque no sabe conseguir lo que quiere de su pareja de otra manera, por eso incurre a maneras manipuladoras de hacerlo.

O también puede ocurrir el caso de que una pareja sea agresiva psicológica y emocionalmente, entonces, la manipulación es algo con lo que se defiende.

Algo con lo que en teoría es natural para dicha persona manejar cualquier tipo de situación.

Esto puede incluir desde la manipulación emocional hasta la manipulación psicológica o financiera.

La manipulación en el amor puede ser dañina y erosionar la confianza y la integridad en una relación.

Es importante reconocer los signos de manipulación en una relación de pareja y buscar ayuda si se siente que se está siendo manipulado o manipulada.

Porque lamentablemente, a la larga, la vida de una persona puede terminar terriblemente afectada por haber escogido equivocamente a su pareja, o porque no ha sabido enfrentar los momentos en el que su pareja utilizo tácticas de manipulación.

Al querer erradicar las conductas manipuladoras de su pareja, uno debe ser consciente de la situación que enfrenta con su pareja, debe entablar una comunicación clara, lenta y respetuosa, para que ambas partes sean escuchadas.

Requiere de un proceso y de mucha paciencia poder resolver dicha situación, también requiere mucha claridad mental, y mucho esfuerzo.

Pero cuando uno está comprometido y está dispuesto a enfrentar los problemas, tiene mas posibilidades de solucionar el problema.

Tambien puede ocurrir que la otra persona no está dispuesta a cambiar sus actos violentos de manipulación, porque ocurre muy a menudo el no estar dispiuestoa cambiar por la persona que uno ama.

Lamentablemente si es el caso, el mayor acto de amor que puedes hacer hacia ti mismo, hacia ti misma, puede ser terminar la relación.

De hecho hay muchos casos en los que una relación termina por la falta de interés de la otra persona, se ve mas a menudo de lo que crees.

Entonces, la manipulación puede ser difícil de superar, pero con el tiempo y la ayuda adecuada, es posible sanar y encontrar una relación amorosa saludable y sin manipulación.

Lo importante es que te hagas responsable de ti mismo primero, y que trabajes en ti mismo, muchos dicen que quieren estar con la persona ideal, pero muy pocas se convierten en la persona ideal.

Si se quiere tener realciones efectivas de amor uno debe estar comprometido al 100% con la otra persona.

Es fundamental que ambos miembros de la pareja trabajen juntos para identificar y abordar la manipulación en su relación.

La comunicación abierta y honesta es clave para construir una relación fuerte y saludable.

Es importante reconocer y detener cualquier comportamiento manipulativo para mantener una relación saludable y sana.

Una relación feliz y libre de manipulación es una relación en la que ambas personas se respetan y valoran mutuamente.

La comunicación es abierta, honesta y clara, y ambos se apoyan y defienden incondicionalmente. Cada uno tiene su propio espacio y libertad para ser ellos mismos y hacer sus propias elecciones, sin sentir presión o control por parte del otro.

La confianza, el amor y el compromiso son los pilares de esta relación sana y equilibrada.

Como se habrán imaginado el amor real es un sentimiento profundo y duradero que va más allá de la atracción física o emocional momentánea.

Es una forma de amar a alguien incondicionalmente, aceptándolo tal como es, con sus virtudes y defectos. En una relación de verdadero amor, las personas se apoyan mutuamente en las buenas y en las malas, se respetan y valoran, y tienen un compromiso a largo plazo.

También hay una comunicación abierta, honesta y respetuosa, y ambos son libres de ser ellos mismos y de hacer sus propias elecciones.

En resumen, el verdadero amor es una combinación de aceptación, apoyo, respeto, compromiso y libertad.

El amor hace crecer a las personas no las empequeñece, el amor nutre y tiene fé.

El verdadero amor apoya a pesar de, como una persona ama a su planta y la riega cada para que ésta crezca y cumpla con su propósito de existir, lo mismo ocurre con las personas.

Hace crecer a las personas para ser lo mejor que puedan ser, sin condiciones, sin estafas, sin mentiras.

Uno rompe las cadenas de la manipulación cuando no se engaña a sí mismo y acepta plenamente lo que es, como dije, a cambio de nada.

Es importante tener en cuenta que la manipulación puede ser sutil y puede ser difícil de detectar, por lo que es importante reconocer los signos.

En conclusión: la manipulación en las relaciones de pareja puede tener graves consecuencias. Es importante reconocer los signos de manipulación y buscar ayuda si se siente que se está siendo manipulado, para trabajar hacia una relación amorosa saludable y respetuosa.

Capítulo 15

Redes Sociales

Uno se puede preguntar, ¿pero cómo se supone que las redes sociales me manipulan? En efecto que lo hacen pero de una manera distinta al de los capítulos anteriores, pero la fórmula sigue siendo la misma.

Porque, has de tomar en cuenta que las redes sociales es donde la mayoría de la gente invierte mucho de su tiempo, y como la pasan ahí todo el día, terminar siendo influenciados con lo que consumen ahí.

La manipulación ocurre cuando estamos consumiendo el contenido de las redes sociales, como por ejemplo los memes, no sé si se hayan dado cuenta pero los memes han cambiado el comportamiento de instituciones de organizaciones, consumir cierto tipo de memes influye en nuestra manera de pensar de hablar y de comportarnos, es de hecho muy graciosos porque ves a los jóvenes literalmente reflejando los mismos conceptos que los memes que uno ve, entonces como los memes son populares, la gran mayoría de las personas las sigue, y el efecto es que terminan acomodándose a la realidad de los memes literalmente, ¡algo tan inocente como un meme puede hacer eso? De hecho gracias a las redes sociales a las tendencias, se puede llegar a millones de personas, ¿tienes idea de que tan poderosa es esta herramienta realmente?

Las redes sociales han cambiado los paradigmas de las personas para bien o para mal esto depende mucho del contexto, pero en síntesis es la responsabilidad de cada uno manejarla de la manera mas adecuada sabiendo el poder que este tiene.

Entonces como ya te habrás imaginado esta clase de manipulación es pasiva, por ejemplo los benditos algoritmos, ¿Cómo funcionan? Cuando tu ves una noticia una tendencia algo con lo que tú no estas a favor, algo que incluso detestes, y das al botón de reaccionar, esto hace que el algoritmo entienda que "quieres ver más de ese contenido" simplemente porque has reaccionado a él, aunque te guste o no te guste, vas a ver cada vez más de ese contenido que te desagrada, y al ver más contenido que te disgusta esto por supuesto que afecta tu humor, porque las redes sociales te recuerdan aquellas cosas que te desagradan y no estas a favor.

Esto ¿crees que no influye en tu día? ¡Claro que sí! De hecho más de lo que crees porque te pone de malas, te hace que te enfoques en lo malo para ti, puede que cambie tu actitud a una negativa, y como todos sabemos eso no atrae nada bueno, y se hace un círculo viciosos infinito en el que mas consumes redes sociales, mas contenido que te disgusta miras, más tiempo pasas de mal humor, y como todos sabemos los hábitos sean buenos o malos, son algo que hacemos todos los días de manera natural, sin darnos cuenta.

El contenido que uno mira en las redes sociales si unfluye en los gustos y pensamientos de las personas, es una forma de manipulación pasiva, por eso es de suma importancia tener cuidado con que es lo que uno observa en su celular todo el día.

De hecho el mejor consejo que te puedo dar es, dejar el celular, y si es posible durante todo el día no lo uses, a menos que sea prioritario para manejar negocios o responsabilidades importantes.

Pero si no es el caso entonces has el experimento y déjalo, vas a ver como te vuelves mas productivo mas enfocado en tus seres queridos, en hacer las cosas que realmente te importan.

En pocas palabras vas a ver tu vida cambiar.

Si tu eres de los que esta tonteando 3 horas por las redes sociales sin ningún fin mi recomendación es que ese tiempo lo dediques a la lectura.

La lectura tiene múltiples beneficios científicos que demuestran sus beneficios positivos. Algunos de ellos son:

1.- Mejora de la cognición: La lectura ayuda a mejorar la memoria, el vocabulario, la concentración y la comprensión.

2.- Reducción del estrés: La lectura puede ser una forma efectiva de reducir el estrés y la ansiedad, aliviando la tensión mental y física.

3.- Desarrollo emocional: La lectura puede ayudar a desarrollar la empatía y la comprensión de los demás, al permitirnos experimentar diferentes puntos de vista y vivencias.

4.- Aumento de la creatividad: La lectura puede estimular la imaginación y fomentar la creatividad, alimentado la mente con nuevas ideas y perspectivas.

5.- Prevención de la demencia: La lectura puede ayudar a retrasar el declive cognitivo y la aparición de enfermedades relacionadas con la edad, como la demencia.

La lectura la puedes considerar como una inversión inteligente hacia ti mismo, entonces invierte en ti para obtener las mejores ganancias.

Volviendo a la manipulación en redes sociales, tener esta clase de hábitos puede ser muy destructivo para tu vida terminas como hámster dando vueltas en la misma rueda interminable, y cada vez peor, porque como dije somos criaturas de hábitos, y dependiendo la clase de hábitos que manejes todos los días va a afectar a tus resultados a largo plazo, de hecho los hábitos afectan a:

- Tu desempeño en el trabajo

- Tus relaciones

- Tus amigos

- Tu familia

- Ti mismo

Y como un hábito es algo que hacemos sin darnos cuenta por la costumbre, entonces sin darte cuenta puede que te estes saboteando, sin darte cuenta simplemente que fue por consumir contenido equivocado en las redes sociales.

Es tu responsabilidad cuidar que es lo que miras y como te sientes con ello, la mejor manera de sacarle el provecho a esta herramienta tan poderosa, es educándote con ella, aprende cosas nuevas, cosas que te gusten, cosas que te hagan crecer como personas.

Úsala para alimentar a tus relaciones más efectivas, para crear una gran red de contactos que te puedan ayudar con tus proyectos, dedícate a conocer a más gente y aprender de ella, enfócate en lograr resultados positivos.

Porque algo bueno de las redes sociales, es que nos dá la libertar de opinar.

Actualmente la herramienta con la cual millones de personas funcionan se manejan, trabajan de hecho las redes sociales son una herramienta fundamental para el siglo XXI y eso es poco decir, gracias a ellas los trabajos se han automatizado y facilitado.

En este sentido lo mejor que uno puede hacer con dicha herramienta es investigar, autoeducarse, porque toda la información está en la palma de la mano, en vez de ver entretenimiento, aprende, cosas como esas a la larga hacen la diferencia, en tu forma de pensar, de ser, de sentir y de hacer, va a afectar tus resultados para bien.

Pero la gran mayoría no entiende estas cosas se preocupan mas sobre los chismes de las celebridades, de si una celebridad termina la relación con su pareja, que si le es infiel, si ha caído en las drogas, que si cayó en la bancarrota, que esto que el otro, etc.

Lamentablemente el chisme es uno de los factores que roba nuestra energía, que necesitamos todos los días para lograr.

El chisme y la crítica son hábitos destructivos, que parecen inofensivos , ¡Incluso buenos! Ahí te das cuenta como las cosas están al revés en nuestro país se ha hecho de una costumbre y lo más seguro es que hay personas que no se imaginan la vida sin el chisme, es parte de ellos, o sea, a parte de que tienen por mala costumbre el chisme o criticar, ellos no saben que tanto les está afectando en su prosperidad, en su bienestar emocional y mental.

Entonces ¿Qué es peor que el chisme, las críticas en tu energía? No saberlo, no ser consciente de ello y de como afecta la vida de uno.

Capítulo 16

Las Religiones

Las religiones son instituciones sociales que han existido desde la antigüedad y han tenido un impacto profundo en la humanidad.

En las iglesias hay fuertes dogmas que uno debe obedecer para ser considerado fiel creyente.

Sin embargo, en muchas ocasiones, estas instituciones pueden ser utilizadas como herramientas de manipulación por aquellos en el poder.

Como dicen, es como una cortina de humo que tiene como propósito sacar el mayor provecho de las personas, en este caso de miles de millones de personas.

Una forma en que las religiones pueden ser manipuladas es a través de la interpretación selectiva de los textos sagrados.

Aquellos en el poder pueden manipular la interpretación de los textos sagrados para justificar sus acciones y mantener su control sobre la sociedad.

Además las religiones también pueden ser utilizadas para controlar el comportamiento de las personas mediante la creación del miedo y el uso de la amenaza divina, como por ejemplo la idea de castigo eterno puede ser utilizada para controlar las acciones de las personas y mantener un orden social.

Si desde niño han utilizado estas mañas entonces has sido manipulado y engañado, cuando somos niños todo lo que nos sucede, no dicen y experimentamos se queda en nuestra mente subconsciente como una grabadora super potente que años después se queda con nosotros en nuestro comportamiento.

Por eso somos condicionados desde que nacemos con el mal uso de las escrituras sagradas, para manipularnos.

Y claro cuando uno ya llega a la edad adulta, ya esta programado para actuar de cierta manera, para creer ciertas cosas, y hacer ciertas cosas en especifico de manera incosciente, entonces lo mejor que se puede hacer en esa situación es generar consciencia preguntándose

¿Realmente he escogido esto para mi vida?

¿Cuál es la verdadera causa de mis resultados actuales?

¿Qué es lo que quiero?

Un buen primer paso para desprogramarte y reprogramarte es preguntando, buscando, averiguando como fuiste educado, que experiencias tuviste, qué te decían de niño sobre la biblia, sobre los pecados y los pecadores.

En muchas familias llegan a traumatizar a los hijos porque los amenazan con que se van a ir al infierno por no tener ciertos comportamientos.

Y más aun las personas que tienen el poder lo utilizan para manejar ordenes sociales, con lo cual no necesariamente sea bueno para las personas sino para las personas que están en el poder.

Finalmente, las religiones también pueden ser manipuladas mediante la creación de jerarquías y la concentración del poder en manos de unos pocos líderes religiosos.

Estos líderes pueden usar su posición para influir en la política y el comportamiento de las personas, manipulándolas en el proceso.

Ya lo dije mas antes, todo es por intereses personales.

Entonces las religiones pueden ser manipuladas de diversas maneras por aquellos en el poder. Es importante tener una comprensión crítica de las religiones y estar conscientes de cómo pueden ser utilizadas para manipular a las personas.

Yo por ejemplo tenía una familia muy "religiosa" le ponían la excusa de religión a todo hasta lo mas absurdo, yo por dentro siempre sentía que lo utilizaban para sus beneficio para manipular y hasta estafar, las verdad nunca me gustaron esa clase de fanatismos bizarros pues no deja nada bueno para las personas.

Es egoísmo en estado puro y duro, y no te confundas, que alguien te hable de Dios de la biblia, no necesariamente signifique que sea buena persona.

Tu puedes identificar a un manipulador por el simple hecho de que te hará hacer cosas para su beneficio personal y no para el tuyo tambien, que es como deberían ser las cosas.

Entonces debes ser capaz de identificar a estos manipuladores disfrazados de ovejas, si quieres romper con las cadenas de la manipulación, has de observar atentamente o toda persona que esta a tu alrededor.

He identifica con claridad, pues si ya caíste en sus redes de uno de esos manipuladores, y no te diste cuenta, te puede costar un poco más el liberarte, dependiendo de que tan violento sea el sujeto en si.

Libérate de este tipo de personas si has caído en relación con ellos, pero de manera inmediata, no esperes más, cada día puede ser perdido si sigues asociado con ellos.

Tu debes conoces a buenas personas y socios que cualquier cosa que hagan, siempre salen las cosas de fábula, siempre pasa algo bueno.

Pues como sabes hay dos caras de la moneda y lo mismo ocurre con los manipuladores de la religión, cualquier cosa que hagas con ello, siempre será como resultado desgracias y problemas.

Por eso, aléjate de ellos cuanto antes.

Capítulo 17

Como romper las cadenas de la manipulación

Las masas (multitud de personas) como hemos señalado más antes pueden ser manipuladas a través de diversas técnicas como: propaganda, información falsa, retórica engañosa, control de medios de comunicación, sugestión y persuasión, manipulación emocional, divisiones culturales, etc.

Estas técnicas buscan influenciar la percepción y toma de decisiones de un grupo de personas, para el beneficio del que las aplica.

En síntesis tú eres lo que consumes, te conviertes en aquello con lo que más tiempo te relacionas, piensas igual que los contenidos que consumes, y funcionas tan bien como te alimentes, y piensan en base a tus reflexiones y todo lo que pongas en tu mente.

Eres el resultado de todo con lo que te has relacionado o has pasado más tiempo. Con la clase de personas con las que te relacionas, con la clase de contenidos de entretenimiento o educativos que observas, con la clase de desicionas que tomas a diario, con las clase de hábitos que ya te has establecido, con las cosas con las que más reflexionas o no.

Para lograr romper las cadenas de la manipulación, es importante tomar medidas concretas y proactivas.

Tienes que aprender constantemente y adaptarte a tu realidad de la mejor manera posible.

Aquí hay algunos consejos que pueden ser útiles:

   - Ten en claro los signos de manipulación (Todos los capítulos anteriormente expuestos): Aprender a identificar las tácticas comunes de manipulación es un primer paso importante para librarse de ella.

- Establecer límites claros: Establecer límites claros y ser claro en cuanto a lo que es aceptable y lo que no puede ayudar a protegerse de la manipulación

- Mantener la confianza en unos mismo: Mantener la confianza en uno mismo y ser consciente de sus propios valores y necesidades, puede ayudar a liberarse de la manipulación.

- Aprender a decir "no": Aprender a decir "no" de manera clara y firme es esencial para liberarse de la manipulación

- Rodearse de personas positivas: Rodearse de personas positivas y de confianza que apoyen y valoren sus decisiones, puede ayudar a fortalecer su autoestima y liberarse de la manipulación.

- Buscar ayuda profesional: Si se siente abrumado por una situación de manipulación, es importante buscar ayuda profesional de un terapeuta o consejero

Y es que es la verdad uno es aquello a lo que dedica más tiempo, uno es los programas de televisión que más ve, es los productos que come, es el producto de aquello a lo que escuchas todo el día, eres el producto de las personas con las que más tiempo te relacionas incluso aquello que lees, eres el producto de las personas a las que más admiras.

Por eso uno tiene que buscar, investigar como funciona la sociedad , las culturas, los sistemas, y si, es un trabajo pero que merece la pena de abordarlo, porque es tu vida de la que estamos hablando aquí.

Todo está unido en nuestro mundo, así como haces una cosa haces todas, es de suma importancia ser consciente de que cada engranaje de la vida está unido en un sistema mas grande en el cuál está la vida, entonces has de solucionar un punto en tu vida y en consecuencia el resto ha de mejorar.

Es importante tomar en cuenta cada faceta de tu vida, porque la verdadera libertad y felicidad está en manejar cada parte de tu vida con abundancia y prosperidad, es ir a por todo. Ir a por todo es la verdadera victoria, cuando ganas en todos los aspectos de tu vida.

Es una falsedad cuando ganas en un aspecto a costa de perder en otro, esa es una victoria a medias, un logro incompleto una mentira que cada uno se cuenta.

Si aplicas los consejos dados vas a apresurar el proceso de que ya no seas parte de ese mundo manipulado y puedas ser libre de elegir lo que realmente quieres para tu vida.

Cuando reconoces los signos de manipulación que ocurren a tu alrededor entoces es más fácil que puedas neutralizar sus efectos en ti, tienes que crear un mecanismo de defensa ante estas tácticas sutiles.

Mientras más perfecciones tus habilidades de detectar la manipulación, la extorsión, mas posibilidades tendras para usarlas a tu favor, mi recomendación es usarla en defensa propia, para tu salud mental emocional, para tener una vida más libre y plena.

Ser capaz de tener la certeza de elección y de saber lo que realmente quieres y lo que es bueno para ti.

Al haber generado una consciencia desarrollada será fácil defenderte de los manipuladores, estafadores, de los extorsionadores, de las señales sutiles, esto es tan bueno para ti como para tu entorno, pues una persona con la consciencia desarrollada se vuelve influyente para los demás, cuando una persona genera estas habilidades con el ejemplo hace que su entorno mejore a la par que uno mismo se mejora.

Es una consciencia colectiva la que se va creando poco a poco, tu objetivo debería ser capaz de crear un chaleco antibalas de tratos injustos, de extorsion y de manipulación, tanto tu como los que siguen tu ejemplo salen beneficiadas.

Al incrementar tu observación de cada circunstancia aumentas tu propio poder en ti y adquieres poder sobre ti mismo

El conocimiento bien intencionado puede guiarte a los mejores lugares, y las mejores experiencias.

La verdadera abundancia es ganar en todos los aspectos de la vida sin condiciones, sin cambiar una cosa por la otra, es todo a la vez y al mismo tiempo, así podrás romper las cadenas de la manipulación.

Capítulo 18

La elección de la libertad

Las respuestas que uno busca con más urgencia, siempre están donde uno menos se lo espera, dentro de sí misma.

La libertad es una elección que cada persona se lo permite dentro de sus capacidades, dentro de lo que uno cree posible, es lo que va a lograr, ni más ni menos.

Todo ser humano hace elecciones en todo momento, conscientes o inconscientes, primeramente has de desechar las elecciones que no te funcionan.

Aquellas elecciones que ya no te sirvan has de eliminarlas y cambiarlas por otras, esto es posible cuando aumentas tu nivel de consciencia y observación dentro de ti mismo.

Enronces es de suma importancia primero, cuales son las cosas que ya no vas a tolerar en tu vida, porque motivos ya no los necesitas, y después cambiarlo por otra cosa, tienes que saber que es lo que quieres y pagar el precio por ello, solo vas a lograr dichos objetivos pagan el precio cueste lo que cueste.

El valor que te deja dicho cambio tiene que ser lo suficiente como para poder disciplinarte cada día para lograr aquello que quieres, para lograr la manifestación o el cambio.

Vas a poder cambiar tu situación a medida que le des espacio a tu vida, a aquello que quieres manifestar, y si las cosas que quieres que ocurran aún no han ocurrido es porque no estas dando espacio en tu vida a aquello que es importante para ti.

Crea vacios existenciales en tu vida, niégate a lo malo, incluso a lo bueno para que lo extraordinario en tu vida, al universo no le gustan los espacios vacios, asi que ten confianza de que el universo se encargará de llenar esos espacios vacios en tu vida.

No te afanes y tampoco de desesperes por aquello que quieres que llegue a tu vida, el sentido de urgencia aleja todo lo que quieres en tu vida ¿Por qué?. Porque estarías experimentando escasez desde tu interior, miedo, y fracaso.

El sentido de urgencia hace que los sueños no se cumplan, hace que uno no llegue a su destino, lo retiene en su camino.

Haz de tener la certeza y la visualización inquebrantables de que lo que quieres lograr en tu vida ya lo eres, actúa como si ya tuvieras lo que deseas, siente por dentro que ya tienes aquello que visualizas, porque todo lo que quieres en esta vida ya existe.

La duda no ayuda a lograr lo que uno sabe lo que quiere.

Una persona que es verdaderamente libre lo es por dentro y por fuera, desde su interior ya puede sentir que es lo que quiere, sabe por qué lo quiere, y va a actuar en consecuencia llegar a ser su propia meta, u objetivo.

Plantéate las causas y los efectos de cada situacion en tu vida, estudia tu vida. Cada situación que vives en tiempo presente, el único o la única responsable eres tú.

Tu tienes el poder de manifestar aquello en lo que te enfocas dentro de tus posibilidades, pues cada experiencia o situación que una persona experimenta, ella misma la ha manifestado realmte, ella a permitido y ha dado rienda suelta a que ocurra lo ocurrido.

Haciendo el tipo de preguntas como ¿Cómo he llegado a manifestar esto en mi vida? ¿Cuál es la causa de mi situación?

Vamos más a profundidad y ahí te das cuenta de que todo son causas y efectos en la vida, busca la causa y daras con un efecto.

Puede que dichas causas sean de hace mucho tiempo, de meses años he incluso de generaciones pasadas, una causa es una programación mental, espiritual y emocional que luego se manifiesta al plano físico.

Si quieres cambiar los efectos que experimentas hoy en día entonces modifica las causas más profundas por las que vives, y siempre hazlo desde la coherencia contigo mismo, solo así vas a transmutar los efectos actuales.

Ahora bien, entre causa y efecto hay un espacio de tiempo con el que se manifiesta la causa en el plano físico. Elegir tu libertad como la causa dentro de ti, es un buen comienzo, pero necesitas un propósito por el cual quieras ser libre ¿Por qué eliges la libertad como estilo de vida?

Ser capaz de elegir lo que uno quieres luego pagar el precio es lo que puede cambiar tus efectos en el plano físico y tomas el control de tu vida, cabe recordar que si en tus propósitos, en tus desiciones nuevas, en tus deseos y metas cabe la duda entonces no vas a conseguir lo que te propones o lo que quieres causar en tu vida.

No puede haber ningún espacio de duda en tus necesidades en tus, metas, o en tus anhelos, elimina lo más antes posible las dudas en tu vida para que ésta no te infecte con su veneno. La duda, la falta de fé es el único ingrediente que puede autosabotearte inconscientemente en tus planes de vida.

Una persona que es libre sabe lo que no quiere, sabe porqué no lo quiere, mas bien, sabe lo que quiere, sabe porque lo quiere y tiene una certeza profunda de que asi se va a realizar aquello que quiere.

Muy por el contrario, cuando se está en un lugar sometido bajo dogmas intolerables, o sea, un entorno manipulado o alterado con ciertos elementos de forma intencionada con el fin de influir en las opiniones, decisiones o comportamientos de una persona.

Esto puede incluir, por ejemplo, la manipulación de la información que se recibe, la influencia de personas o grupos en el entorno, la manipulación del ambiente físico o emocional, entre otros factores ya expuestos.

En un entorno manipuado, la libertad de elección y pensamiento de la persona puede ser limitada, y puede ser más difícil para ella percibir o evaluar la situación de manera objetiva.

Este tipo de entorno puede ser creado con fines comerciales, políticos o personales, y puede tener efectos negativos en la salud mental y el bienestar de la persona afectada.

Entonces una persona que es libre puede elegir su camino, es responsable con ella, no depende de terceros para concretar sus planes, elimina de manera definitiva lo que ya no le sirve, lo que ya no usa, lo que le resulyta anticuado o inútil, para recibir que lo realmente necesita.

Capítiulo 19

Madurez emocional

La madurez emocional es una cualidad que implica ser consciente y manejar adecuadamente las emociones propias y ajenas.

Uno tiene cierta madurez emocional cuando es capaz de reconocer sus propias emociones y actuar inteligentemente en base a su situacion.

Tambien es capaz de reconocer las emociones de los demás y tener mas compasión al ser consciente de sus estados emocionales, lo cual le da una sensibilidad ante los estados de animo de otros.

Cuando una persona carece de madurez emocional se vee a disposición de su entorno y depende totalmente de el, aquí es cuando cualquier tipo de influencia sea positiva o negativa puede afectar al individuo en cuestión.

Si una persona no tiene la madurez necesaria para contrarestar las malas influencias en su vida se vee a merced de estas, esto la hace vulnerable a que la puedan controlar y manipular mas fácilmente.

La manipulación es una táctica que a menudo utilizan las personas para controlar a los demás.

En primer lugar, es relevante reconocer que la manipulación puede ser sutíl y difícil de detectar dependiendo las capacidades consciente he inconscientes que una persona tenga.

Las personas manipuladoras a menudo utilizan tácticas como la culpa, la vergüenza o la intimidación para lograr que otros hagan lo que ellos quieren, y por lo general complen con sus objetivos al utilizar estas tácticas con personas que no han desarrollado su madurez emocional.

Sin embargo, una persona emocionalmente madura es consciente de estas tácticas y puede reconocerlas cuando se presentan, es capaz de verlas claramente y diferenciarlas unas de otras.

Puede analizar y evaluar la situación de manera objetiva, en lugar de dejarse llevar por las emociones y ser influenciado por la manipulación.

Además, la madurez emocional nos permite establecer límites saludables y mantenerlos de manera firme, es decir hasta deonde sea dentro de lo que es tolerable.

Si una persona manipuladora intenta presionarnos o controlarnos, podemos comunicar nuestros límites de manera clara y respetuosa, y estar dispuestos a defenderlos si es necesario.

Esto puede incluir decir "no" a una petición o exigencia que no nos beneficie o no esté en línea con nuestros valores personales.

Aprender a decir que "no" puede ser una habilidad valiosa en muchas situaciones, como por ejemplo ayuda a establecer límites en las realciones personales y laborales.

Cuando aprendemos a decir "no", podemos evitar situaciones en las que nos sentimos incómodos o abrumados.

Decir "no" ayuda a tomar el control de la propia vida. Si decimos "si" a todo lo que se nos pide, podemos perder nuestra capacidad de tomar decisiones y nuestras propias prioridades pueden quedar en segundo plano.

Al decir "no" nuestra autoestima mejora, puede ser un acto de autoafirmación que puede ayudar a mejorar la autoestima. Cuando decimos "no" a algo que no deseamos hacer, nos estamos afirmando a nostros mismos y demostrando que valoramos nuestras necesidades y deseos propios.

Decir "no" fomenta la honestidad con nostros mismos sobre lo que somos capaces de hacer. Tambiien es importante ser honestos con los demás para evitar comprometernos a hacer algo que no podemos cumplir.

Aprender a decir "no" con orgullo, puede ayudar a evitar el agotamiento y el estrés. Si decimos "si" a todo lo que se nos pide, podemos terminar abrumados y sin energía para hacer las cosas que realmente importan..

Entonces cuando aprendemos a decir "no" estamos utilizando una herramienta valiosa para establecer límites, tomar el control de nuestra vida, mejorar la autoestima, fomentar la honestidad y evitar el agotamiento.

Sin embargo, es de suma importancia equilibrar la habilidad de decir "no" con la capacidad de comprometerse y colaborar en las situaciones adecuadas.

Una persona con madurez emocional puede identificar cuando es necesario decir que "no y a la vez sabe cuando, y en que situaciones debe decir que "si" conoce el equilibrio y puede aplicarlo en su vida con inteligencia.

Otro aspecto importante de la madurez emocional es la empatía.

Al comprender las emociones y necesidades de los demás, podemos establecer una comunicación de manera eficaz.

En lugar de dejarnos influenciar por las tácticas manipuladoras de alguien, podemos entender su perspectiva y abordar sus preocupaciones de manera compasiva pero asertiva.

Finalmente, la madurez emocional nos permite ser responsables de nuestras propias emociones y decisiones.

Si nos sentimos influenciados por la manipulación, es fácil culpar a la otra persona por nuestra situación.

Sin embargo, una persona emocionalmente madura reconoce que es responsable de sus propias decisiones y emociones.

Puede tomar medidas para recuperar el control de la situación y tomar decisiones que sean más saludables para sí misma y para los demás.

Asi que, la madurez emocional nos permite reconocer y resistir la manipulación de manera efectiva, a la vez que nos permite tener una vida más plena.

A través de la conciencia emocional, el establecimiento de límites saludables, la empatía y la responsabilidad personal, podemos desarrollar una mayor resistencia a la manipulación y mejorar nuestra calidad de vida emocional y nuestras relaciones interpersonales.

Capítulo 20

Cómo es una persona que es libre de toda manipulación

Ser libre de la manipulación es una característica esencial en el desarrollo personal y social de una persona. Una persona desarrollada mental y emocionalmente es libre de toda manipulación.

Una persona libre de la manipulación es alguien que tiene la capacidad de tomar sus propias decisiones y de ser dueño de su vida, sin dejarse influir por las acciones de los demás, es capaz de influirse a sí misma o autosugestionarse.

En primer lugar, una persona libre de toda manipulación es consciente de sus pensamientos, emociones y acciones. Tiene la capacidad de analizar y comprender sus propias necesidades y deseos, y es capaz de tomar decisiones que están alineadas con sus valores y metas personales.

Esto significa que ha llegado al nivel de ser completamente fiel a sí misma, esta persona se conoce a plenitud y está alineada con sus creencias, sus principios y anhelos, es una persona que sabe lo que quiere.

Además, es capaz de identificar cuando alguien está tratando de influir en sus decisiones de manera negativa y puede resistir y contrarrestar esa influencia.

Sabe defenderse efectivamente de cualquier influencia negativa en su vida, es capaz de diferenciar aquellas influencia que pueden perjudicar su vida, y eliminarlas rápidamente.

Además una persona libre de la manipulación tiene una buena autoestima, se ama a sí misma y cree en sí mismas sin dar espacio a la duda.

Se sientes seguro y confiado en sí mismo y en sus habilidades, y no necesita la aprobación de los demás para sentirse bien consigo mismo.

Es capaz de lograr sus objetivos sin la necesidad de aprobación de otras personas porque ella misma se da la aprobación y no necesita de otras personas para saberlo, es autosuficiente.

Esta auto confianza lo hace menos vulnerable a las tácticas de manipulación de otros, tiene mayor resistencia a la hora de que malas influencias lleguen a su vida y las rechaza automáticamente.

Tambien es importante que una persona libre de la manipulación tenga habilidades sociales sólidas, sabe como comunicarse efectivamente, sabe relacionarse dentro del marco del respeto y los valores, y agrega mayor valor a su circulo social de manera postiva.

Puede establecer límites y comunicarse claramente con los demás, y es capaz de resolver conflictos de manera efectiva y justa.

Además, puede reconocer y responder a las necesidades y emociones de los demás, sin ceder a la presión o manipulación de los demás.

Significa que tiene madurez emocional consigo misma y a la vez con los demás porque sabe que todos merecen el mismo respeto y valor por igual, sin importar las apariencias u otros factores.

Una persona que es libre de la manipulación es alguien que tiene la capacidad de tomar decisiones autónomas y de mantenerse fiel a sus valores y metas personales, sin dejarse influir por los demás a su alrededor.

Es consciente de sí mismo, tiene una buena autoestima, habilidades sociales sólidas y es capaz de establecer límites y resolver conflictos de manera efectiva.

En última instancia, esta persona puede vivir una vida más auténtica y satisfactoria, y puede relacionarse de manera más significativo con su entorno en general.

Tiene la capacidad de vivir a plenitud consigo misma y por consiguiente con los demás.

Capítulo 21

Cómo ayudar a otros a evitar la manipulación, como ser un buen modelo a seguir y brindar apoyo emocional

Si deseas ayudar a otros a evitar la manipulación, es muy importante que tú mismo no utilices tácticas manipuladoras.

El proceso es primero conocer las tácticas de manipulación, luego reconocer en una situación diaria si esas tácticas se están aplicando inconscientemente, y por último decidir cambiar esa conducta por una más positiva. O sea ser capaz de observar he intervenir lo más rápido posible.

Esto quiere decir que seas conciente de tu propia conducta y asegúrate de que estas siendo honesto y respetuoso primero contigo mismo y después con tus relaciones interpersonales..

Tambien debes aprender a escuchar activamente y desarrollar este hábito hasta que sea algo natural en tí, porque a menudo las personas que son vulnerables a la manipulación no sienten que sus necesidades o sentimientos están siendo escuchados.

Y si nadie escucha entonces nadie puede observar.

Para ayudar a evitar la manipulación, es importante escuchar activamente a la otra persona, validar sus sentimientos y asegurarse de que se sienta comprendida.

La comunicación efectiva es realmente muy útil para las relaciones interpersonales, te enseña a comprender mucho mejor a las personas que están a tu alrededor, y a solucionar cualquier problema más rápidamente.

De hecho la escucha activa tiene mucho beneficios personales más halla de neutralizar la manipulación, como por ejemplo, te haces más capaz de aprender mejor las cosas, pero ese es otro tema que no se explicará en este libro.

Otro punto importante es que la manipulación puede hacer puede hacer que las personas se sientan solas y aisladas.

Cuando una persona se siente que está aislada del resto de las personas, tiende a ser más vulnerable a cualquier tipo de influencia sea positiva o negativa.

Esa persona es más fácil de sugestionar.

Entonces has de proporcionar apoyo emocional para fortalecer la autoestima de la otra persona y reducir sus probabilidades de ser vulnerable a la manipulación aumentando sus probabilidades de poder defenderse del mismo.

Ahora bien, muchas personas que son víctimas de la manipulación por lo general no tienen habilidades sociales adecuadas para establecer límites saludables en las relaciones interpersonales. Ni son capaces de diferenciar un problema del otro.

Andan como si fueran hipnotizados por la vida sin saber lo que realmente está pasando es sus vidas y la causa de ello. Es una circunstancia en la que la víctima no sabe que es una vícima.

Asi que, el que enseñes habilidades sociales adecuadas ayuda a la persona afectada a evitar la manipulación y mejorar sus relaciones, cosigo mismo y después con los demás.

Tambien has de ayudar a la otra persona a establecer límites claros en sus relaciones interpersonales ya que es una forma efectiva de evitar la manipulación y solucionarlo.

Entonces ayúdala a establecer límites y enséñale cómo comunicarlo de manera efectiva.

Enséñale a identificar la manipulación los signos y señales de la manipulación la puede ayudar a ser más consciente de las tácticas manipuladoras y, por lo tanto, menos vulnerable a ellas.

Como los métodos de la publicidad que aplican en todas partes para que consumas cosas que no necesitas, como el abuso de poder de un político que quiere tu apoyo para que se salga con la suya, o para beneficiar a una persona y que el resto salga arruinada.

Brindale el apoyo necesario para que pueda buscar buscar ayuda profesional, si la otra persona está experimentando un nivel significativo de manipulación, puede ser útil brindarle apoyo para buscar ayuda profesional.

Un terapeutaa o consejero proporciona herramientas y recursos adicionales para ayudar a las persona a evitar la manipulación.

En conclusión: ayudar a evitar la manipulación puede ser un proceso efectivo para prevenir la manipulación en la vida cotidiana.

Cuando uno es libre de toda manipulación hace que tenga una vida con mas poder y más plena.

Al proporcionar apoyo emocional, enseñar habilidades sociales y establecer límites saludables, puedes ayudar a la otra persona a evitar la manipulación que vemos todos los días.

Don't miss out!

Visit the website below and you can sign up to receive emails whenever Christian Peña publishes a new book. There's no charge and no obligation.

https://books2read.com/r/B-A-OZFAB-BRMPC

BOOKS2READ

Connecting independent readers to independent writers.